HISTOIRE

DE LA

CIVILISATION FRANÇAISE

OU LA

CLEF DE L'HISTOIRE DE FRANCE

PAR

M. N. E. FIOT

ANCIEN DÉPUTÉ, CHEVALIER DE LA LÉGION D'HONNEUR

1862 — PARIS — 1862

HISTOIRE

CIVILISATION FRANÇAISE

CLEF DE L'HISTOIRE DE FRANCE

IMPRIMERIE DE L. TOINON ET Cᵉ, A SAINT GERMAIN.

HISTOIRE

DE LA

CIVILISATION FRANÇAISE

OU LA

CLEF DE L'HISTOIRE DE FRANCE

PAR

M. N. E. FIOT

ANCIEN DÉPUTÉ, CHEVALIER DE LA LÉGION D'HONNEUR

1862 — **PARIS** — 1862

AVANT-PROPOS

L'histoire, en général, est le récit véritable des faits
des temps passés, pour l'instruction des temps présents
et des temps à venir.

La première et la plus importante de toutes les his-
toires est, sans contredit, pour chacun, l'histoire de
son pays. Il faut savoir d'abord d'où l'on vient et où
l'on va; et l'on doit chercher à connaître, avant tout,
les vertus de ses pères, pour les imiter, et leurs vices,
pour s'en garantir.

Pour inspirer plus d'intérêt, l'histoire doit être la
peinture animée et dramatique des faits racontés. Mais,
afin d'en rendre la connaissance plus facile à acquérir,
et pour éviter la confusion qui produirait l'ennui et le
dégoût, l'historien doit mettre dans la main du lecteur

comme le fil conducteur qui peut le diriger dans le labyrinthe des faits. Ce n'est pas d'après ces principes, que l'histoire de France a été traitée par la plupart de nos auteurs. La multiplicité des faits, sans lien politique entre eux, le désordre du récit et les détails arides de finances et de guerres en ont rendu l'étude difficile et rebutante. Aussi l'auteur distingué des *Ephémérides*, le savant Lenglès Dufresnoy, disait:

« Il faut dix années pour connaître à fond l'histoire » de France, en travaillant dix heures par jour. » (Environ 36,500 heures.)

Ce calcul désespérant m'a suggéré l'idée de donner en vers au public : l'*Histoire de la Civilisation française*, qui sera comme la *clef de l'Histoire de France*.

Quoique la veine poétique paraisse endormie chez nous, et qu'en général, notre siècle, peut-être trop positif, n'aime pas la poésie, cependant la versification m'a paru utile, dans un abrégé de l'histoire de France, pour rendre plus concis, plus frappants, plus dramatiques et plus attrayants, les faits historiques. Si l'idée m'a paru bonne, je crains qu'on n'en dise pas autant de l'œuvre poétique que je donne au public. Toutefois j'espère qu'elle sera utile à la jeunesse des écoles, lorsqu'elle verra réunis, comme dans un tableau, par le lien politique et chrétien qui les enchaîne, tous les principaux faits qui se sont passés, depuis le commencement de la monarchie française jusqu'à nos jours.

L'unité et la nationalité de la France ne se sont établies que difficilement et avec lenteur, entravées qu'elles étaient par des guerres étrangères, politiques et religieuses.

La division et le partage du trône entre les enfants des rois, sous la première et la deuxième race, les cent treize ans du prétendu règne des rois fainéants, la guerre des Normands qui dura quatre-vingts ans, la création de la féodalité à vie, puis à perpétuité, cause de tant de divisions et de combats, l'opposition faite au pouvoir des rois par certains papes, la rivalité anglaise qui dura huit cents ans, les guerres de religion, la multiplicité des partis, trop communs dans notre pays, ce sont là les principales causes qui apportèrent tant d'entraves et de retards au progrès de la Civilisation française.

Combien il a fallu de temps, de travaux opiniâtres, de bravoure et de sang, pour établir enfin l'unité et la nationalité de la France, ces deux faits les plus importants de la vie d'un peuple appelé naturellement, par sa position géographique et par son caractère généreux, à se placer à la tête de la Civilisation de l'Europe.

Des auteurs distingués ont dit que le premier devoir d'un historien était de se faire connaître du lecteur. Que le lecteur me permette donc de parler de moi. J'en parlerai sans orgueil.

En 1813, à l'âge de vingt-deux ans, je quittai le barreau de Paris, et je vins en Champagne, près de Brienne, combattre volontairement l'invasion étrangère, le plus terrible des fléaux.

Au mois de mars 1814, l'Empereur, passant dans le pays où j'étais, me fit demander par le duc de Bassano et me donna la croix de la Légion d'honneur, en me disant : « Je ne vous oublierai jamais, ni les braves » que vous commandez. »

Le maréchal Lefebvre me dit aussi, devant plusieurs généraux :

« Vous êtes Français, vous, mon ami, cinquante » mille hommes comme vous auraient empêché l'ennemi » de passer le Rhin. Mais vous avez, dans votre commune, un traître, un royaliste qui s'entendait avec » l'ennemi. Je l'emmène à la queue des chevaux de ma » division et je le ferai fusiller à Troyes. » Usant de l'influence que j'avais auprès de l'Empereur, du maréchal Lefebvre et du général Bertrand, je sauvai la vie à mon compatriote accusé.

Je ne suis donc pas un homme de parti.

J'avais sous ma main, quatre cents hommes faits prisonniers. Le bruit se répand que quatre mille Russes arrivent par la route de Troyes pour les reprendre. Quelques-uns de mes soldats voulurent les tuer, mais je les calmai en leur disant : « Je vous ordonne au
» nom de l'Empereur, de conduire ces prisonniers, au
» quartier général qui est à trois lieues d'ici. Je tuerai
» moi-même ou je ferai fusiller celui de vous qui ose-
» rait porter la main sur ces malheureux. Les Russes
» ne peuvent être plus de cinquante à cent hommes.
» Je vais les attaquer. Vous entendrez la fusillade ;
» vingt d'entre vous viendront me rejoindre, quand, à
» un quart de lieue d'ici, vingt paysans, donnés par le
» maire auquel j'écris, vous remplaceront, et vous
» permettront d'arriver, en toute hâte, à mon secours. »

J'engageai la fusillade avec les Russes qui ne s'éle-vaient qu'à soixante-quinze hommes. Ils reculèrent devant moi, en m'envoyant des balles, jusqu'à un monticule sur lequel ils s'établirent. Une demi-heure après, mes vingt hommes arrivent et nous emportons, à coups de fusil et à la baïonnette, le plateau où les ennemis s'étaient postés. Le plus grand nombre d'en-tre eux furent faits prisonniers et conduits aussi au quartier général de l'Empereur. Ce fut deux jours après que l'Empereur me donna la décoration.

Mon amour de la patrie m'a-t-il fait manquer à l'humanité?

Le 18 mars 1815, je rejoignis l'Empereur sur la route d'Auxerre, et je lui offris dix mille Champenois, prêts à marcher sur le Rhin. L'Empereur me prit la main, et me dit : « Je vous remercie, j'aviserai... Je » ne vous ai pas oublié, ni les braves que vous com- » mandiez. »

A l'époque du champ de mai, l'Empereur, en passant devant le collége électoral du département de l'Aube, dont j'étais le secrétaire, me dit : « Voici le » drapeau de votre département; je vous le confie, » j'espère que vous saurez le défendre. » J'ai répondu : » Si on l'arrache de mes mains, c'est que je serai » sans vie. » Et l'Empereur reprit : « C'est bien... c'est bien... »

La malheureuse journée de juin fit couler mes larmes, et j'aurais volontiers donné mon sang pour empêcher la double invasion de mon pays.

J'allai, pour l'acquit de ma conscience, tirer des coups de fusil aux Prussiens, dans la plaine des Vertus, et je vins attendre à Montrouge le jour du grand combat, dans le régiment de la garde, commandé par Cambronne avec lequel j'étais lié. Mais Napoléon II, ayant été proclamé Empereur par la Chambre des députés, une capitulation fut signée avec l'ennemi. Dès lors, il n'était plus permis au soldat de venger son pays, ni à moi de défendre mon drapeau.

J'étais député de l'opposition en 1831. Je fus le premier qui réclamai, à la tribune, les cendres de Napoléon, en ajoutant que la France serait déshonorée, tant qu'elles resteraient prisonnières sur le sol étranger. Je ne me plaindrai pas des vexations que les deux dernières royautés m'ont fait éprouver : on ne pardonne guère aux grands dévouements. Mais j'en ai trop dit. Maintenant que vous me connaisssez, ami lecteur, lisez et jugez.

HISTOIRE

DE LA

CIVILISATION FRANÇAISE

OU LA

CLEF DE L'HISTOIRE DE FRANCE

L'Asie, en s'éteignant au sein du *sabéisme* (1),
Avait transmis sa force au faux *polythéisme*,
Qui, portant en lui-même un principe de mort,
En vain rendit brillant son fragile ressort :
Son pouvoir dut passer en des mains plus humaines,
Qui de l'esclave, un jour, pourront briser les chaînes.

L'occident de l'Europe aux Romains abattus (2)
Succède et se saisit des biens par eux perdus,
Et le Dieu des chrétiens, étendant son empire (3),
Dans l'espoir du progrès l'humanité respire.

Le farouche Druide a quitté ses forêts (4).
Le barbare Gaulois va devenir Français (5).

(1) Voir, à la fin du Poëme, les notes 1, 2, 3, 4, 5 et suivantes.

1re race des rois Mérovingiens.
Pharamond, 420 à 428; règne 8 ans.

Le premier qui, chez nous, a porté la couronne,
Pharamond, du soldat eut le pavois pour trône (6).
Comme dit le poëte : *Il fut soldat heureux,*
Qui sert bien son pays n'a pas besoin d'aïeux.

Clodion, de 428 à 448; règne 20 ans.

Après lui, Clodion vint, en dépit de Rome (7),
En s'emparant d'Amiens, s'établir sur la Somme.

Mérovée, de 448 à 456; règne 8 ans.

Mérovée affermit, augmente ses États (8).
Quand Attila sentit la force de son bras,
La Champagne le vit aider à sa défaite,
Et plus loin que le Rhin rejeter sa retraite.
Aux Romains, aux Gaulois, ce service rendu
Ne fut pas pour les Francs un service perdu.
De ce jour, à jamais, la Gaule, c'est la France :
Des deux peuples unis s'élève la puissance...
La bravoure et l'honneur ont formé ces liens,
Et vingt-deux de nos rois ont nom Mérovingiens.

Childéric, fils de Mérovée, de 456 à 481; règne 25 ans; 8 ans d'exil.

Childéric, par l'exil, est puni de ses vices :
Il en revient vainqueur de ses honteux caprices ;
Et, plus sage, il obtient des succès éclatants,
Prend Orléans, Angers, bat Saxons, Allemands;
De Clovis il est père, et bientôt la patrie
Le verra, par son fils, vaincre l'idolâtrie.
Lorsqu'après des excès, un prince est vertueux,
L'histoire lui doit bien quelques mots glorieux.

Clovis, de 481 à 511; règne 30 ans.

De Clotilde chrétienne, entraîné par les charmes (9),
Clovis consacre à Reims le succès de ses armes,

Et, montrant des Germains la fière volonté,
Fixe le premier pas vers la légalité.
De l'unité française, il commence la chaîne
Qui doit se dérouler lentement, avec peine...
Il rend l'État puissant. Très-brave, mais cruel
Il aurait plus de gloire, étant moins criminel.

Childebert, roi de Paris, de 511 à 558; règne 47 ans.
Clodomir, roi d'Orléans.
Clotaire, roi de Soissons.
Thierry, roi de Metz.

Dans leur ambitieuse et funeste ignorance,
Ses fils, en quatre parts, se partagent la France,
Et, divisant ainsi ce qu'il fallait unir,
De maux et de forfaits ils grèvent l'avenir.
Childebert, en Espagne assurant ses conquêtes,
Inflige aux Visigoths de nombreuses défaites;
Mais, complice-assassin des fils de Clodomir
Confiés à Clotilde, il les voit sans frémir,
Tout en leur promettant le trône de leur père,
Il les voit égorgés de la main de Clotaire.

Clotaire Ier, de 558 à 562; règne 4 ans.

De ses frères ainsi, survivant le dernier,
Par ses crimes, Clotaire est l'unique héritier.
Mais son ambition fut-elle assez punie,
Quand Dieu, quatre ans après, a mis fin à sa vie?

Fils de Clotaire Ier, Caribert, roi de Paris, de 562 à 566; règne 4 ans.
Chilpéric, roi de Soissons.
Sigebert, roi d'Austrasie.
Gontran, roi de Bourgogne.

Caribert, Chilpéric, Sigebert et Gontran,
Ont divisé son trône et l'ont mis à l'encan
De combats effrénés, de débauches, de crimes;
Cette division n'a fait que des victimes.
Frères, neveux, époux, reines, même des rois
En ces jours égorgés, sont les tristes exploits
De cette ambition, funeste conseillère,
Qui, plus barbare alors, ensanglantait la terre.

La morale du Christ ne peut la retenir.
Le temps pousse aux forfaits qu'on ne sait pas punir.
Rivales d'attentats, Brunehaut, Frédégonde,
Par des assassinats épouvantent le monde...
Caribert, ennemi des jeux sanglants de Mars,
Fit un moment fleurir la justice et les arts...

Chilpéric Ier, roi de Paris, de 566 à 584; règne 18 ans.

Galsuinde, fille du roi des Visigoths et sœur de Brunehaut, mariée à Sigebert, roi d'Austrasie.

Mais Chilpéric, épris d'une adultère flamme,
Prend, veuf par un forfait, Frédégonde pour femme ;
Celle-ci, remplaçant la sœur de Brunehaut,
D'un roi faible flatta le dangereux défaut,
Et lui fit entasser des crimes sur des crimes,
Jusqu'à ce qu'il devînt une de ses victimes.
On a nommé ce roi du plus infâme nom ;
Car il fut de son siècle appelé le Néron.

Clotaire II, de 584 à 628; règne 44 ans.

De Clotaire, son fils, Frédégonde est régente... (10)
Sa cruauté partout jette encore l'épouvante ;
Mais, par la mort, bientôt on en fut délivré.
Le fils de Sigebert, par elle massacré
Quatre ans auparavant, voulut venger son père,
Et, malgré Brunehaut, succomba dans la guerre...
Habile politique, affable, libéral,
Clotaire a fait du bien : il fit aussi du mal ;
Car Brunehaut souffrant le plus affreux supplice,
Et la mort des Thierry ternissent sa justice.

Ap. J.-C., 612 à 622.

Sabre en main, Mahomet, cet habile tyran,
Embrase l'Orient en prêchant le Coran,
Le Coran qui, du Christ, affectant le langage,
Est un livre de force, un code d'esclavage...

Dagobert II , fils de Clotaire II, de 628 à 638; règne 10 ans.

Jeune, à ses passions Dagobert est livré,
Pour lui l'argent du peuple est loin d'être sacré.
Il est pieux, vaillant, mais il est trop prodigue ;
A sa dépense un roi doit poser une digue.
Il fit couvrir d'argent l'église, à Saint-Denis.

Clovis II, premier roi fainéant, de 638 à 656 ; règne 18 ans.

J'estime beaucoup plus le bon cœur de son fils,
Qui joint à son trésor, qu'épuise la misère,
L'argent que, sur l'église, avait placé son père.

Sommeil qui dure de 638 à 751; 113 ans.

Durant le long sommeil de nos rois fainéants (11),
Les maires du palais, dangereux suppléants,
De la royauté faible ont détruit le prestige,
Et, pour eux seuls, rempli les devoirs qu'elle exige.
Mais Pépin d'Héristal, Charles Martel, Pépin,
Pour la France exerçant le pouvoir souverain,
Tous trois, par leur valeur comme par leur génie,
Ont ramené chez nous la force et l'harmonie.

732.

Sous les murs de Potiers, Martel, au Sarrasin,
Aux fils de Mahomet, a prouvé, de sa main,
Que la fatalité peut, moins que notre épée,
Des croyants ennemis arrêter l'épopée.

Pépin le Bref, premier roi de la deuxième race, dite des rois Carlovingiens, de 751 à 768; règne 17 ans.

Le maire du palais, Pépin nommé le Bref (12),
Est élu par la France, et reconnu pour chef.
Premier des treize rois de la second race,
Il transmet à son fils et sa gloire et sa place.

Charlemagne, fils de Pépin le Bref, de 768 à 814; règne

Charlemagne paraît ; empereur d'Occident (13),
Il brille de l'éclat d'un soleil fécondant :

46 ans. Premier empereur.

Par les lettres, les lois, par sa vertu guerrière,
Sur un siècle ignorant il répand la lumière,
Et forme en son palais cette société
D'où sortira plus tard notre Université.

Louis Ier, fils de Charlemagne, surnommé le Débonnaire, deuxième empereur; de 814 à 840; règne 26 ans.

Il associe à l'empire Lothaire, son fils, et partage ses États à ses autres enfants.

Tout retombe, après lui, dans une nuit obscure;
L'unité de l'Etat, les droits de la nature,
Par Louis, par ses fils sont foulés sous les pieds;
Les intérêts français aussi sont oubliés.
Et cependant Louis, faible roi, faible père,
Reçoit, pour sa bonté, le nom de Débonnaire.
L'on vit dans ses Etats troubles, divisions,
Prélude favorable à ces invasions
Qui sont par les Normands sous Charles commencées.

Charles II, dit le Chauve, fils de Louis Ier, de 840 à 877 ; règne 37 ans. Troisième empereur.

Charles le Chauve, en proie à de folles pensées (14),
Est vain et fastueux, hardi dans ses projets.
Mais malheureux toujours, et faible dans les faits.
Jamais roi ne fit moins pour la solide gloire ;
Aussi son nom n'a rien d'illustre dans l'histoire :
Il laisse entrer chez lui, sans combat, les Normands,
Et leur invasion dure quatre-vingts ans.
Son or, au lieu du fer, suspend leur brigandage,
Et provoque plus tard le meurtre et le pillage.
Charles deux, en créant la féodalité,
Veut s'attacher les grands et perd la royauté;
Combien de sang longtemps il nous faudra répandre
Pour des faits accomplis, faute de bien comprendre !

Louis II, dit le Bègue, troisième fils de Charles le Chauve;

Louis deux aux Normands ose bien s'opposer,
Et ne daigne jamais avec eux pactiser.

de 877 à 879; règne deux ans. Quatrième empereur.

Quand de l'honneur français il suit les droites voies,
Jean le sacre empereur, dans la ville de Troyes.

Louis III et Carloman, fils de Louis le Bègue, de 879 à 882. Carloman seul, de 882 à 884.

Deux frères sont unis et rois en même temps :
Pour l'honneur de la France, ils battent les Normands.

Charles, dit le Gros, fils de Louis le Germanique, de 884 à 888. Cinquième empereur; règne 4 ans.

Charles le Gros, déjà empereur d'Italie,
A sa couronne joint celle de Lombardie :
Les Normands, sous son règne, ont assiégé Paris,
Et n'ont pu recueillir que honte et que mépris.
Toutefois, l'empereur, achetant leur retraite,
Perd le trône et l'honneur; sa ruine est complète.

Eudes, comte de Paris, fils de Robert le Fort, de 888 à 898 ; règne 10 ans.

Elu par les seigneurs, Eudes bat les Normands
Et leur fait éprouver des échecs accablants :
Mais les grands, attachés au sang de Charlemagne,
D'une guerre civile ont ouvert la campagne ;
Eudes reste vainqueur. Le besoin d'union
Le porte à partager la domination.

Charles III , dit le Simple , fils de Louis le Bègue, de 898 à 923; règne 25 ans.

Le roi donne à Rollon sa fille en mariage,
Et le chef des Normands cesse son brigandage.
Au roi rendant hommage, il lui prête serment ;
Et la Neustrie ainsi fut un duché normand.

Robert, frère du roi Eudes, lequel s'était fait nommer roi.

Charles vainquit Robert qu'il a tué lui-même;
Mais, vaincu par son fils, il perd le diadème.
Malheureux, fugitif et réduit, cette fois,
Il se rend chez Herbert, comte de Vermandois,

Raoul, beau-frère de Hugues le Grand, de 923 à 926; règne 13 ans.

Et le traître l'enferme au château de Péronne.

Raoul en profita pour prendre la couronne.
Raoul, par sa vertu, par sa grande valeur,
Sut enfin racheter son nom d'usurpateur.
Tout en flattant les grands, il obtint l'influence
De faire respecter et craindre sa puissance.

Louis d'Outre-mer, de 936 à 954; règne 10 ans.

Le fils de Charles trois, dans des combats sanglants,
Lutta pour amoindrir l'autorité des grands.
C'est la première fois, depuis cinq cents années,
Que des divisions, toujours désordonnées,
Apprirent à donner au fils aîné du roi
Tous les Etats du père, et l'usage fit loi.

Lothaire, fils aîné de Louis d'Outre-mer, de 964 à 986; règne 32 ans.

Le duc Hugues le Grand, de son neveu Lothaire,
Contre les grands seigneurs, devient l'auxiliaire;
Quoiqu'en bataille Othon fût par lui maltraité,
Il céda la Lorraine, et ce honteux traité,
Compromettant ainsi son honneur et la France,
Détruisit son crédit et perdit sa puissance,

Louis V, fils de Lothaire, surnommé le Fainéant, de 986 987; règne 15 mois.

Son jeune fils, Louis, fut nommé Fainéant,
Et sur son trône assis ne régna qu'un instant.

3e race des Capétiens.

Hugues Capet, de 987 à 996; règne 9 ans.

Hugues Capet changea sa couronne ducale (15),
Par un talent heureux, en couronne royale.
Pour s'attacher des grands le pouvoir limité,
Il leur donna leurs fiefs à perpétuité.
De son ambition la fausse politique
A compromis le trône et la chose publique.

Robert le Pieux, fils de Hugues Capet, de 996 à 1013; règne 25 ans.

Berthe, parente du roi.

Quoique le roi Robert fût nommé le Pieux
Et qu'il fût bienfaisant, indulgent, vertueux,
Rome, lançant sur lui sa foudroyante bulle,
Maudit son mariage avec Berthe et l'annulle.
Il ne peut résister contre le Vatican,
Quand son pouvoir royal reste sans partisan.
D'un temps barbare encore, ô funeste ignorance !
Les petits et les grands fuyaient le roi de France.
Pourtant, vit-on jamais roi plus humain que lui !
Du malheureux, du pauvre, il se montrait l'appui.
Quel plus généreux prince a porté la couronne !
Contre lui on conspire il absout et pardonne...

Henri Ier, fils de Robert, de 1031 à 1060; règne 29 ans.

Henri, vaillant, loyal et plein d'humanité,
Se garde de punir son frère révolté,
Pardonne et, complétant cette noble besogne,
L'apaise, en lui donnant le duché de Bourgogne.

Phillippe Ier, de 1060 à 1108; règne 48 ans.

L'amour retient Philippe au sein de ses Etats (16),
Lui que l'honneur appelle au milieu des combats.
Quand son vassal Guillaume asservit l'Angleterre,
Et quand, au nom du Christ, s'armant du cimeterre,
De nombreux chevaliers que commande Bouillon
Au joug des Musulmans vont arracher Sion,
Le roi mène à Paris une joyeuse vie !...

Le pape Urbain II.

Le peuple le méprise, *Urbain* l'excommunie.

Les croisades de 1095 à 1272, durent 177 ans.

Les croisades ont lieu : que de trésors perdus !
Combien de sang versé !... quels services rendus !...

L'invasion des Turcs au loin est repoussée,
La féodalité se sent au cœur blessée.
La commune bientôt va, par un tiers état,
De trois pouvoirs distincts faire un triumvirat.
Prenant en Orient des coutumes polies,
Nos mœurs, rudes encore, en seront adoucies.
Commerce, agriculture et navigation
Vont conquérir au peuple une position.
En attendant des lois un plus heureux système,
L'honneur des chevaliers devient la loi suprême.

Louis VI, dit le Gros, fils de Phillippe Ier, de 1108 à 1137 ; règne 29 ans.

Les seigneurs se montraient d'ambitieux tyrans (17),
Affaiblissant l'Etat par des combats fréquents.
Louis six, le premier, restreignit leur puissance
Et du peuple, contre eux, prit en main la défense.
La commune, sous lui, commence à s'établir,
Et les serfs ont enfin le droit de s'affranchir.
Il jugeait son pouvoir une charge publique
Dont il faut qu'à la mort la gestion s'explique.

Louis VII, fils de Louis le Gros, de 1137 à 1180 ; règne 43 ans.

Sous ce règne, ont paru le savant Abailard
Et de la chrétienté l'oracle, saint Bernard.
Le roi, devant Damas, montre en vain son courage...
Il revient et retrouve un gouvernement sage
Qui rendait son royaume heureux et florissant.
L'abbé Suger régnait pour Louis sept absent
Et faisait oublier l'échec de la Syrie.
Le roi le fit nommer Père de la patrie.

Philippe Auguste, fils de Louis VII, de

Quand, sous Louis le Gros, la royauté renaît,
Philippe Auguste aussi, lui donnant son cachet,

1180 à 1223 ; règne 43 ans. Son parallèle avec Napoléon III.

La forma, la rendit active et bienveillante,

Et de beaux jours fit luire une aurore naissante.

Il vole en Palestine au secours des chrétiens ;

Les croisés vont unir tous leurs efforts aux siens :

Mais il prend, en passant, Acre ou Ptolémaïde,

Et le jaloux Richard rend son retour rapide.

Il revient, bat l'Anglais, le chasse du Poitou

Et de la Normandie ainsi que de l'Anjou.

Il se fait rendre encor des provinces voisines,

Et court vaincre Othon deux aux plaines de Bouvines ;

Puis, des fruits de la paix faisant jouir Paris,

Il l'embellit, l'augmente, et le peuple surpris

Voit finir Notre-Dame et commencer le Louvre.

Mais qui viendra remplir la carrière qu'il ouvre ?...

Un huitième empereur doit s'élever un jour,

Qui surprenne Paris et l'augmente à son tour,

Aux yeux de l'étranger l'élève et l'embellisse,

Et, parmi de hauts faits, en peu de temps finisse

Ce que vingt de nos rois n'eurent pas le loisir

De jamais commencer ou de jamais finir.

Audacieux guerrier et sage politique,

Redoutable ennemi de l'Aigle germanique,

Fort de son énergie et de sa volonté

Philippe Auguste seul fit sa prospérité.

Louis VIII, fils de Philippe Auguste, surnommé le Lion, de 1223 à 1226 ; règne 3 ans.

Louis huit aux Anglais prit l'Aunis, la Rochelle

Et tout le Limousin ; entraîné par son zèle,

Il bat, dans le Midi, le chef des Albigeois.

Louis IX ou St-Louis,

Louis neuf, par la paix, assura ses exploits.

<table>
<tr><td>1226 à 1270; règne 44 ans.</td><td>

Le comte de la Marche et le roi d'Angleterre,
Par lui deux fois vaincus, abandonnent la guerre.
De l'Arabie on vit sortir les Corasmiens,
Venir en Palestine, attaquer les chrétiens.
Saint Louis part, débarque, emporte Damiette;
Mais, par plusieurs combats réduit à la retraite,
Il est fait prisonnier..... Plus grand que son malheur,
Son noble caractère en impose au vainqueur.
Une trêve par lui, pour dix ans, obtenue,
Permet qu'à son amour la France soit rendue...
Saint Louis des procès a banni le combat,
Séparé sagement et l'autel et l'Etat :
Lui-même il a rendu justice prompte et bonne,
Créé les Quinze-Vingts, l'Hôtel-Dieu, la Sorbonne.
Toujours grand par le cœur, il fit de bonnes lois ;
Aux serfs de son domaine il concéda des droits.
D'un brave, dans la guerre, il montrait le courage :
Dans la paix, ses vertus étaient celles d'un sage.

</td></tr>
<tr><td>Philippe III, fils de St-Louis, surnommé le Hardi, de 1270 à 1285; règne 15 ans.

Vêpres siciliennes, 1282, causées par les indignes vexations de Charles d'Anjou, frère de St-Louis, auquel le pape Urbain IV avait donné la Sicile.</td><td>

Ce roi juste, à Tunis, vaillant et libéral,
Des croisades enfin sut arrêter le mal ;
Et pleura, distingué par ses vertus chrétiennes,
Les massacres nommés Vêpres siciliennes.

Les rois, affaiblissant la féodalité,
Pour la France et pour eux, recherchent l'unité.
De l'Eglise, prenant l'unité pour modèle,
Le pouvoir sent enfin qu'il ne peut rien sans elle,
Des lettres le clergé garde encore le dépôt
Qu'aux esprits plus actifs il va rendre bientôt.

</td></tr>
</table>

C'est à lui que l'on doit la haute architecture

Digne par sa grandeur du Dieu de la nature,

Et ces principes purs qui, pénétrant les cœurs

Et tenant lieu de lois, adoucissaient les mœurs.

Philippe le Bel, petit fils de St-Louis, de 1285 à 1314; règne 29 ans.

Le parlement se fixe et devient sédentaire (18)

Et Philippe le Bel appelle pour la guerre,

Convoquant le premier les Etats généraux,

Le tiers état bourgeois, contre les grands vassaux;

Le tiers, pouvoir si grand et de tant d'espérance,

Dont on ne trouve ailleurs aucune ressemblance.

La vie a commencé dans le corps social;

L'intelligence augmente, et le pouvoir moral

Vient apporter aux rois qu'il défend et protége

De l'affranchissement le glorieux cortége :

Les intérêts des droits, l'amour sacré du sol

Le dévoûment, si fort, si rapide en son vol,

Que l'Église soutient, que le cœur seul nous donne.

La France en a besoin, ainsi que la couronne.

Siècle de malheurs, de 1336 à 1410.

Louis X, dit le Hutin, de 1314 à 1316; règne 2 ans.

Charles de Valois, oncle du roi, accuse injustement *Enguerrand de Marigny*.

Dieu, pour nous éprouver, semble nous châtier :

Un siècle de malheurs va nous fortifier.

L'innocent *Enguerrand*, intendant de finance

Est jugé, condamné, puni de la potence,

Comme ayant du trésor fait infâme trafic;

La mort de l'innocent est un malheur public.

Charles IV, surnommé le Bel, 3e fils de Philippe le Bel, de 1322 à 1328; règne 6 ans.

Ministre du trésor, Gérard de la Guette

Est soupçonné de vols, on le poursuit, l'arrête;

Le malheureux subit l'infâme question,

Et meurt dans les tourments, sans dire oui, ni non :

<table>
<tr><td>Épreuves du fer rouge, de l'eau bouillante, de l'eau froide, de la croix. Qui ne pouvait les supporter était présumé coupable.</td><td>

C'est ainsi, dans cès temps, qu'on rendait la justice...

On pouvait, dans le doute, encourir le supplice.

Aux épreuves encor le doute donnait lieu ;

L'on osait les nommer le Jugement de Dieu !...

</td></tr>
<tr><td>Philippe VI, dit de Valois, petit-fils de Phillippe le Hardi, de 1328 à 1350 ; rè-42 ans.</td><td>

Sous ce règne, Édouard, un des rois d'Angleterre,

Jette partout le trouble et commence la guerre ;

Il se dit petit-fils de Philippe le Bel,

Roi français par sa mère ; en se prétendant tel,

De son ambition il donne un vain prétexte

Qui longtemps aux Anglais devra servir de texte.

</td></tr>
<tr><td>Par la loi salique, la royauté en France ne pouvait venir des femmes.</td><td>

Ce que la loi salique avait déjà jugé,

A la force remis, sera-t-il donc changé ?

Les rois anglo-saxons seront-ils rois de France ?...

La justice se tait ; la force a sa balance.

</td></tr>
<tr><td>Bataille navale de l'Ecluse, 1336.

Bataille de Crécy, 1346.</td><td>

Le roi d'abord, en Flandre, a des instants heureux,

Mais sa flotte est perdue en un combat affreux. .

Trente mille Français, tombés dans la journée,

Nous montrent sur la Somme une rage effrénée.

L'Anglais nous apprit là l'usage du canon !...

Nous lui rendîmes bien sa sanglante leçon !!!...

</td></tr>
<tr><td>Invention de la poudre en 1257.</td><td>

L'Arabe est, en Espagne, inventeur de la poudre ;

Comment à l'employer pouvions-nous nous résoudre ?

Il fallait bien user la guerre par l'excès,

Et, même dans le mal recherchant un progrès,

Apprendre aux Nations l'art de faire la guerre,

Pour, quand on le saurait, s'abstenir de la faire !...

Édouard, profitant de ses nombreux succès,

Avec tous ses soldats vient investir Calais.

</td></tr>
</table>

Calais soutint longtemps un siége héroïque ;
Chacun y mérita la couronne civique :
Sous le fer d'Édouard ils allaient tomber tous.
Cinq citoyens, sur eux, détournent son courroux,
Eustache de Saint-Pierre offre avec eux sa tête ;
De mourir pour leur ville ils se font une fête...
Mais Édouard pardonne, et le nom de Calais
Est immortalisé, même aux yeux des Anglais.
On voit par les partis la France divisée
Et l'Angleterre encor par eux favorisée.
La misère, la faim, la charge des impôts,
Aux malheurs de la guerre ajoutent d'autre maux.
Paris éprouve même une peste cruelle.
De tant de maux la France, hélas ! sortira-t-elle ?

Jean le Bon, fils de Philippe VI, de 1350 à 1361 ; règne 14 ans.

Charles, roi de Navarre, appelé le Mauvais (19),
Trahit Jean son beau-père en faveur des Anglais :
Jean est fait prisonnier et meurt en Angleterre.
Montrant de Régulus le noble caractère,
Au refus des états d'approuver son traité,
Il va rendre aux Anglais, et vie et liberté.

Charles V, dit le Sage, fils de Jean le Bon, de 1364 à 1380 ; règne 16 ans.

Charles cinq mérita d'être appelé le Sage (20) :
Des soldats malheureux ranimant le courage,
Il lança Duguesclin contre les corps Anglais,
Et rendit la victoire aux étendards français.

De 1000 à 1400.

Depuis longtemps déjà troubadours et trouvères
Exhalaient leurs soupirs en des chansons légères,

Et, parlant aux guerriers et de gloire et d'amour,
Leur inspiraient d'aimer et mourir tour à tour !...

Charles VI, surnom-
mé le Bien-Aimé,
fils de Charles V,
de 1330 à 1422; rè-
gne 42 ans.

Charles le Bien-Aimé tombe dans la démence (21)
Et son fils des plaisirs subit l'effervescence.
L'Angleterre en profite et reprend ses succès ;
Des factions aidée, elle fait des progrès...
Les États généraux soutiennent les finances
Et pourvoient au courage aussi bien qu'aux dépenses.
Et Dunois et Clisson, généreux chevaliers,
Avec d'autres, comme eux, se couvrent de lauriers ;
Mais, malgré leur valeur au milieu des batailles,
Et malgré Richemont et Lahire et Xintrailles,
De la France Henri six ose se dire roi,
Et dans Paris bientôt y proclame sa loi.

Charles VII, 1422 à
1461 ; règne 39 ans.

1453. Fin de l'Empire
d'Orient, presque
toujours troublé
par des guerres
étrangères et reli-
gieuses.

Mahomet II s'em-
pare de Constanti-
nople.

Jeanne d'Arcq, brû-
lée vive, comme
sorcière, pour effa-
cer la honte de leur
défaite.

A son épée, à Dieu, le Dauphin en appelle... (22)
Il fuit... Sa faible épée, hélas ! que pouvait-elle ?...
Orléans devant lui seul est son boulevard.
Tout est perdu... Mais non, Dieu commande au hasard !...
Jeanne d'Arc, une fille, en son noble délire,
Au nom de la patrie et du Dieu qui l'inspire,
Combat, sauve le trône et délivre Orléans,
Conduit nos étendards, par elle triomphants,
Et Charles sept à Reims a reçu la couronne !
Un prêtre la consacre, une femme la donne !...
Le roi rentre à Paris. Les Anglais sont chassés ;
Mais un crime, à Rouen, les a plus rabaissés...
La France est glorieuse et pour jamais sauvée.

En ces jours de bonheur, une force est trouvée,

Force immense qui doit, dominant l'univers,
De l'esclavage, un jour, faire tomber les fers.
L'esprit est affranchi, la pensée enchérie,
Guttenberg, à Strasbourg, ouvre une imprimerie!...

Louis XI, de 1461 à 1483; règne 22 ans.

Du progrès l'élément toujours le plus actif (23),
Qui doit dans l'avenir être si décisif,
Le tiers état sentait augmenter sa puissance :
Louis onze lui prête et ruse et violence;
Poursuivant ses vassaux de plaintes, de griefs,
Il les bat, les punit et confisque leurs fiefs.

Le duc des Bourguignons, Charles le Téméraire,
Aux portes de Beauvais ose porter la guerre :

Jeanne Hachette, 1472.

Une autre Jeanne est là, combattant, hache en main;
Elle sauve la ville et rend son effort vain.

Charles VIII, fils de Louis XI, de 1483 à 1498; règne 15 ans.

De Naples Charles huit, un jour, fit la conquête
Qu'il perdit aussitôt, après une défaite.
En mariage heureux plus que dans les combats,
Il a de la Bretagne augmenté ses États.
La France s'agrandit, son unité se forme;
Elle pourra braver les temps de la Réforme,
Et Richelieu finir les projets de Louis...

Louis XII, Père du peuple, de 1498 à 1515; règne 17 ans.

En France, Louis douze eut de nombreux amis... (24)
Admirons des deux rois l'opposé caractère,
L'un, cruel, fut utile, et l'autre fut un père.

Depuis deux cents ans, due aux marins provençaux,
La boussole nous pousse à des mondes nouveaux :

Secondant sur les eaux le vol de la pensée,
La barrière des mers est par elle abaissée.
A L'Espagne, Colomb fait un riche cadeau ;
Il lui donne la clef de son monde nouveau.
L'Espagne entrevit là sa plus belle journée
Et de brillants destins la trame fortunée...
Mais bientôt, ô folie ! ô sanglante fureur !
L'Inquisition naît et répand la terrreur,
Au nom de l'Évangile, insulte la morale,
Et change le ciel même en caverne infernale.
Ainsi l'Espagne avance et c'est pour reculer ;
Charles-Quint ne pourra l'empêcher de crouler.
Tous les mahométans sont chassés de Grenade ;
Vers l'Afrique les uns font un pas rétrograde ;
Les autres, du malheur souffrant la dure loi,
Pour leur pays natal abandonnent leur foi.
Mais on fit peu de cas de tous leurs sacrifices ;
Car ils partent plus tard au milieu des supplices.
Pour leurs inventions, leurs lumières, leurs arts,
L'Espagnol leur devait les plus nobles égards ;
Le Français, plus humain, en tirait avantage
Et des Maures pleurait le malheureux courage.

François Ier, gendre de Louis XII, de 1515 à 1547 ; règne 32 ans.

En France, on vit bientôt briller François premier (25),
Héros par la valeur et vrai roi chevalier.
Du valeureux Bayard il reçut son épée ;
Déjà, vers Marignan, il l'avait retrempée...
Suivant de Louis douze et du roi Charles huit
Le dangereux exemple, il en fut trop séduit ;

Loin de se concentrer, pour illustrer sa vie,
Par folle ambition, il perd tout à Pavie,
Armée et liberté, tout... excepté l'honneur :
On ne le perd jamais lorsque l'on a du cœur.
Il le sentait encore en son âme royale :
Son cœur a pu dompter sa fortune inégale...
Des Etats généraux l'ardeur dut redoubler :
La France resta ferme, on ne put l'ébranler.
L'effort de Charles-Quint, sa fine politique,
N'ont pu paralyser son effort énergique.
François premier sauva ce qu'elle possédait
Et par son fils, accrut les Etats qu'elle avait.
Par les lettres, les arts, sont règne fut, en France,
Un remarquable temps d'heureuse renaissance.
Sous lui Marot parut et se vit secondé.
Le Collége de France en ces temps fut fondé.
Des peintres d'Italie, appelés par le roi,
Nous donnent leur dessin, leur coloris fait loi :
Jean Goujon, à Paris, illustre la sculpture ;
Et notre langue prend sa naïve tournure
Dans la simplicité de Montaigne et d'Amyot.
Le soleil d'Italie avait, brillant plus tôt,
Relevé de l'esprit l'athmosphère abaissée.
Par le christianisme inspirant leur pensée
Michel-Ange, Arioste, et Tasse et Raphaël
Avaient de leur génie offert tribut au ciel....

Henri II, fils de François Ier, de 1547 à 1559 ; règne 12 ans.

Nous allons arriver au temps de la Réforme.
Mais qui peut dissiper l'orage qui se forme ?..

Henri deux, chevalier quand il faut un grand roi,
Meurt inutilement, blessé dans un tournoi.

François II, de 1559 à 1560, règne 14 mois; marié à Marie Stuart, reine d'Écosse.

Par le faible François que domine l'intrigue
Les Guises sont choisis comme chefs de la Ligue.

Charles IX, fils de Henri II et de Catherine de Médicis, de 1560 à 1574; règne 14 ans.

Charles le Fanatique, en augmentant le mal (26),
Oppose Catherine au parti libéral.

Le ciel est irrité. Les abus de l'Eglise,
L'ambition des grands, d'une sanglante crise,
En tous lieux, font gronder le bruit inquiétant.
On devait s'abstenir d'un conseil irritant
Pour détruire le mal, changer la discipline
Et conserver ainsi le fond de la doctrine :
Le pape Léon dix, légitime pouvoir,
Pouvait réformer seul et c'était son devoir ;
Il avait du génie, il manqua de sagesse.
On heurta des partis l'énergique rudesse.

La Saint-Barthélemy, nuit du 24 au 25 août 1572.

L'heure fatale sonne... et la Religion
Doux élément de paix, symbole d'union,
Du sang des citoyens voit sa robe mouillée,
Ses pouvoirs affaiblis et sa gloire souillée.
Les désastres sanglants de cette affreuse nuit
Redoublent des partis le terrible conflit.
Cependant l'Hopital, magistrat inflexible,
Des lois soutient la force autant qu'il est possible.
L'évêque, à Lisieux, sauve les protestants
Mais il tente, à Lyon, des efforts impuissants;

Le courageux d'Hortez, commandant de Bayonne,
S'abstient d'exécuter l'ordre que le roi donne,
Et dit : *J'ai des soldats fidèles au drapeau*
Et de bons citoyens ; je n'ai pas un bourreau...
Charles enfin, portant la peine de ses crimes,
Par ses pores rendit le sang de ses victimes.

Henri III, frère de Charles IX; roi de Pologne, et fils de Catherine de Médicis, de 1574 à 1589 ; règne, 15 ans.

La reine Catherine est fatale à ses fils.
Versatile comme elle au milieu des partis,
Henri trois est ligueur ou bien chef politique.
Guise commande en roi la Ligue catholique,
Henri le Béarnais soutient les protestants...
La paix succède en vain à des combats sanglants ;
Plus terrible toujours la guerre recommence...
Le roi veut des ligueurs amoindrir l'influence,

Henri de Guise, chef de la Ligue catholique; le cardinal son frère.

Et deux des Guises sont, à Blois, assassinés.
Les Seize, les Ligueurs en sont plus acharnés :

Jacques Clément, moine de l'ordre des jacobins.

Et lorsque, dans Paris, leur fureur est extrême,
Le roi d'un assassin est victime lui-même.

Henri IV, de 1589 à 1610; règne 21 ans. Descendant de Louis IX, par Robert son sixième fils.

Mais Henri quatre enfin, déplorant nos malheurs (27),
Vint nous arracher tous à nos tristes fureurs ;
Et, toujours généreux, même en sa politique,
Pour nous mieux réunir il se fit catholique.
Roi plus grand par le cœur encor que par l'esprit,
Au monde il annonça, par un célèbre édit,

Édit de Nantes, publié malgré le parlement en 1598.

La liberté du culte et de la conscience...
Divine liberté ! sublime tolérance !
Que de sang prépara ton noble avénement
Et marqua de l'esprit l'immense avancement !!!

Le progrès désormais ne pourra plus descendre,
Et l'humanité sent qu'il va partout s'étendre.

<table>
<tr><td>Louis XIII, fils de Henri IV, de 1610 à 1643 ; règne 33 ans.</td><td>

Mon esprit est porté vers des temps plus heureux (28),
Et le roi Louis treize est déjà glorieux.
Richelieu, lui prêtant l'appui de son génie,
A l'hydre féodale ose arracher la vie.
Brissac, le Roussillon, Perpignan, Pignerol
La Lorraine, l'Alsace, unis à notre sol,
Assurent notre force, assoient notre puissance,
Et marquent les beaux jours d'une grande influence.
</td></tr>
<tr><td>Temps de Malherbe, de Girardon, sculpteur, de St-Vincent de Paul, le modèle des prêtres.</td><td>

Richelieu, des beaux-arts, le puissant protecteur,
Les entoura toujours de sa haute faveur,
Leur prêta dans Corneille une assistance amie
Et, pour les activer, créa l'Académie.
</td></tr>
<tr><td>Louis XIV, de 1643 à 1715 ; règne 72 ans.</td><td>

Louis quatorze règne. Un pouvoir absolu (29)
Ne fit jamais si bien tout ce qu'il a voulu.
Dans son grand roi la France est personnifiée,
Par ses brillants succès se voit glorifiée,
Sent au cœur le beau mot nationalité,
Et proclame tout haut son heureuse unité.
Tant de gloires jamais ne se virent unies
Et n'ont produit ailleurs pareilles harmonies
En tout genre ; beaux-arts, armes, sciences, lois
D'un éclat étonnant brillèrent à la fois.
En tout l'antiquité se vit bien retracée,
Imitée en son beau mais souvent dépassée ;
Et le christianisme, aidant à cet élan,
Attachait aux esprits son heureux talisman.
</td></tr>
</table>

L'esprit humain s'étend vers un plus vaste empire.

Ou s'arrêtera-t-il ? on ne saurait le dire...

Le tiers état s'étonne et paraît ébloui.

Il oublie un instant de penser même à lui...

Mais le grand roi, pliant sous la froide vieillesse,

Eut ses jours de revers et ses jours de faiblesse.

Sur sa statue enfin l'histoire a buriné :

Ce roi dominateur fut le plus dominé.

Louis XV, 1715 à 1774 ; règne 59 ans.

Louis quinze a le trône et la Corse est Française (30),

La France a moins de gloire ; elle éprouve un malaise

Qui du trésor public augmente l'embarras.

L'industrie a senti paralyser son bras ;

Le commerce languit avec l'agriculture.

On pense, on réfléchit, on sonde la blessure

Des maux passés naguère et des abus présents ;

Les besoins sont sentis, les désirs sont pressants ;

Et la philosophie, ardente en sa critique,

Fournit un aliment, même à la politique.

Le tiers état, qui fit tant pour la royauté,

Sent par le privilége offenser sa fierté,

Et veut l'égalité pour tous ses sacrifices.

Mais les pouvoirs du temps n'écoutent que leurs vices,

Et, sans cesse livrés à l'intrigue, aux plaisirs,

S'endorment sans répondre à de justes désirs.

Louis XVI, de 1774 à 1793 ; règne 19 ans.

De la balance anglaise en rompant l'équilibre (31),

Notre épée intervient et l'Amérique est libre.

Pour la dernière fois on a vu s'assembler

Les Etats généraux ; on sent le sol trembler...

La noblesse, manquant à son beau caractère,
N'eut pas le bon esprit d'imiter l'Angleterre,
Et se plut à vouloir sourdement abolir
Ce que l'esprit public s'empressait d'établir.
La nation levée alors se constitue.
La noblesse s'éteint; la couronne est perdue...

épublique de 1793 à 1804; dure 11 ans.

Le clergé se disperse au milieu des douleurs,
Et le christianisme est vu baigné de pleurs.
De la fatale nuit funestes représailles,
Le sang coule à Paris sans gloire, sans batailles.
La gloire, cependant, couronnait nos guerriers;
Leurs fronts étaient couverts de sublimes lauriers :
Rien ne put nous sauver, ni force, ni courage,
La France s'abîma dans un sanglant naufrage.
Si la Religion, secondant notre effort,
Eût mêlé sa clémence au mépris de la mort,
Si nous eussions tous pris Jésus-Christ pour modèle,
La France eût été libre et le monde avec elle.

6e Empereur, Napoléon Ier, de 1804 à 1815; règne 10 ans 3 mois.

Plus grand que le grand roi, qu'Alexandre et César (32),
Napoléon vainqueur, sur son glorieux char,
Tient son drapeau levé vers l'Europe étonnée,
Et de la France ainsi fixe la destinée.
A ses yeux il n'est plus de partis criminels,
Il rappelle d'exil, relève les autels :
En tout genre sa gloire enfanta des chefs-d'œuvre;
Chaque génie au sien répondit par une œuvre.
Tout s'est organisé sous ses puissantes mains;
Ses lois ont surpassé les Grecs et les Romains.

Il donne aux droits égaux l'autorité légale.
La justice, en son nom, tient sa balance égale.
La fortune publique enfin, pouvant s'asseoir,
Vient étendre sur nous son fécondant pouvoir.
La physique, à son tour, unie à la chimie,
A tout art mécanique a su donner la vie,
Dans les masses porter et bien-être et travail,
Diviser le bonheur, le répandre en détail,
Seconder, animer commerce, agriculture,
Enrichir l'un par l'autre, et vaincre la nature.
Chacun a pu puiser, dans la propriété,
Le plus puissant des droits qui forment la cité.
La terre est divisée et bien mieux répartie,
Et l'intérêt s'attache à sa moindre partie.
Près de Napoléon chacun cherche un appui,
La France le révère et se contemple en lui.
Les vertus de la paix, les vertus de la guerre,
Il les a, les répand, et subjugue la terre.
Il marche ainsi longtemps de succès en succès.
Le génie et la guerre ont aussi leurs excès!...
De son trône soudain, tout rayonnant de gloire,
Il tombe... et se relève immense dans l'histoire.
Honte à ses ennemis! hommage à l'Empereur
Qui porta noblement la croix de la douleur!
Il est, sur son rocher, plus grand que sur le trône,
Où des sceptres aux rois sa main faisait l'aumône!...

La Chambre des députés proclame Napoléon II empereur, en 1815.

Mais Napoléon deux est aussi prisonnier;
Prisonnier de l'Autriche! il n'est pas l'héritier
Du trône de son père où la France l'appelle,
Son droit méconnu cède à la force cruelle.

La France, s'indignant de traités si honteux,
Attend de l'avenir d'autres temps plus heureux.
Elle n'est pas vaincue alors qu'elle est trahie,
Et se sent glorieuse et non pas avilie.
Béranger, par ses chants, consolant son sommeil,
Du lion endormi prépare le réveil.
L'âme de son poëte émeut l'âme française,
Et l'aide à supporter sa peine et son malaise.
Si la fortune, enfin, amena nos revers,
Ce fut la cause encor d'autres progrès divers.
Toutes les nations, par la guerre épuisées,
Sur tous leurs intérêts devinrent plus sensées.
Chacune concentra son unité, ses droits,
Et laissa pour la paix d'inutiles exploits ;
L'expérience ainsi ne fut donc pas perdue.
Et l'intervention fut alors défendue.

Plus de trente ans passés dans un actif repos
Ont augmenté les biens, diminué les maux.
On vit pourtant alors, ô Méditerranée !
La France, s'élançant de ta rive étonnée,
Faire tomber Alger sous ses coups foudroyants,
Te rendre libre enfin des barbares forbans,
Du commerce lever les honteuses entraves,
Et chasser les vendeurs de ce marché d'esclaves.
Quelque soit le drapeau qui nous guide au combat,
Le cœur nous fait trouver un heureux résultat.
Les rois ont vu chez nous leur puissance bornée
Et soumise à la loi, la reine couronnée.

Tous les arts au bien-être ont concouru d'accord :
La consommation a provoqué l'effort
D'un produit abondant que crée et que varie,
A des prix modérés, une riche industrie.
La vapeur, la seconde heureuse invention !...
Qui, s'appliquant aux arts comme à l'impression,
Lance partout les corps ainsi que la pensée,
Tient, entre tous pays, la distance effacée,
Réunit l'homme à l'homme, et de tous n'en fait qu'un,
Comme la presse aussi met l'esprit en commun ;
Or, le christianisme a la même tendance.
Quel chemin le progrès fit sous son influence !...
A ce point où déjà s'élève sa hauteur,
L'excès même du mal est civilisateur ! ..

Louis dix-huit régnait d'après la loi donnée ;
Charles dix la viole et perd la branche aînée.

Le trône appartenait à Napoléon deux,
Quand, du peuple Français sans consulter les vœux,
Philippe d'Orléans a reçu la couronne :
Mais rien n'est bien donné, si le peuple ne donne.
Philippe est trop soumis à d'infâmes traités,
Il refuse aux Français des droits bien mérités.
Et, malgré des vertus qu'aucun Français ne nie,
L'exil lui fait quitter le trône et la patrie.

25 février, 1848.

La République alors, après un long circuit,
Chez nous est revenue et chez nous s'établit.
Mais on parle, on discute, et les paroles vaines,
Au lieu de l'action, ont aggravé nos peines;
Elles ont trop servi d'aliments aux partis;
Le sang des citoyens ruissela dans Paris.
D'abord, pour bien régler notre élan populaire,
On devait sagement commencer par la guerre,
Bravement secouer le joug de l'étranger,
Et des malheurs passés noblement nous venger.
Quoiqu'on doive avouer que la force est impie,
L'heure ne sonnait pas pour la philantropie...
Tout était provisoire... un seul homme le sent...
Il obtient le pouvoir, le peuple le comprend,
Et Napoléon III, par d'immenses suffrages,
Des empereurs trahis reçoit les héritages.
La nation le veut... à lui de gourverner,
D'unir tous les partis ou de les dominer.
A lui de relever le drapeau de la France,
Et d'établir partout son heureuse influence...
Paris est agrandi. Le Louvre est terminé.
Un travail merveilleux est partout destiné,
Tout en réunissant l'utile à l'agréable,
A proclamer Paris la ville incomparable,
La reine des cités... Ces embellissements
Ont pour les étrangers des attraits tout-puissants :
On veut les voir, on vient. La vue enchanteresse
Des nouvelles beautés, et notre politesse,
En nous gagnant les cœurs, nous font beaucoup d'amis.
Civilisation, ce sont là de tes fruits!...

Toute religion chez nous trouve un asile :
Au sein de nos beaux-arts elle est libre et tranquille.
Lorsque Philippe Auguste embellissait Paris,
L'intolérance hélas! désolait le pays.
Aujourd'hui, tous chrétiens attaqués en Syrie
Sont par nous garantis d'une triste furie,
Et l'Europe applaudit, quand, sans de longs discours,
Napoléon leur porte un généreux secours.
L'empereur est partout où le bien est à faire :
Pour les Turcs, en Crimée, il entreprend la guerre,
Et sauve leur patrie en leur sauvant l'honneur.
Le Turc oublierait-il ce qu'il doit au vainqueur?
Par l'intérêt, l'honneur et la gloire liés,
Les Anglais, dans la guerre, étaient nos alliés...
Politique admirable! au passé qu'elle efface
Succède un avenir qui doit être efficace
Pour le bonheur du monde et les nouveaux progrès
Dont deux peuples puissants assurent les succès.
Le Sarde a combattu sous l'illustre alliance.
Chaque allié devait l'appui de sa puissance
A sa bravoure insigne, à ses anciens malheurs.
Mais l'Autriche a voulu raviver ses douleurs.
Elle attaque son roi qui tire son épée,
En de vaillants combats autrefois retrempée,
L'empereur des Français, qui doit le secourir,
Avec ses bataillons s'empresse d'accourir.
Il sauve Emmanuel, venge aussi l'Italie,
Et de honteux traités par le fer les délie.
Il fait ce qu'aurait fait Napoléon premier.
S'il eût vu ces combats, comme au siècle dernier,

C'est bien, Napoléon, aurait dit le grand homme,
Et de son doigt sans doute il eût indiqué Rome...
L'Italie est sauvée et peut faire sa loi;
Car Napoléon trois a reconnu son roi.
D'autres faits éclatants seront dits par l'histoire,
Et ne pourront manquer d'ajouter à sa gloire...
Puisse-t-il du bien-être enrichir son pays,
Et dans le bien de tous éteindre les partis!...

FIN

NOTES

(1) L'ASIE. — Sylla vainquit les généraux de Mithridate et le força lui-même à la paix, aux conditions qu'il voulut. Mithridate ayant repris les armes, Lucullus le vainquit, à son tour en diverses rencontres. Pompée l'acheva, et réduisit en province romaine toute l'Asie jusqu'à l'Euphrate.

(2) L'OCCIDENT DE L'EUROPE. — Affaiblis par la guerre, les richesses, la corruption et l'esclavage, les Romains sont envahis par les Germains, les Sarmates et les Scythes, peuples barbares, nomades, vivant du produit de leurs troupeaux, mais ignorant l'agriculture. La fertilité des provinces romaines tentent leur avidité. Ils s'y précipitent pour ravir aux indigènes tout ou partie de leurs terres.

Avant J.-C. 406. — La Gaule est envahie par les Francs, ravagée par les Alains, les Suèves et les Vandales, qui passent ensuite en Espagne, puis en Afrique, avec Genséric. (429.)

Les Bourguignons de race germanique se fixent, avec Gundicaire, leur chef, à l'est des Gaules.

Issus des îles Scandinaves, les Ostrogoths ou Goths de l'est, et les Visigoths ou Goths de l'ouest, envahissent le midi de la Gaule. Ils dominaient, au ive siècle, de la mer Noire au Don et à la Livonie. (Russie d'Europe.)

Les Huns, peuples nomades appartenant à la race des Kalmouks actuels, vaincus et rejetés par les Chinois, poussaient devant eux tous les autres barbares sur l'empire romain en décadence.

Les Visigoths, commandés par Alaric, ravagent l'Italie et Rome. Ils commencent sous Honorius, empereur d'Occident, le démembrement de l'empire.

Romulus Augustule est le dernier empereur romain d'Occident, et, en 476, Odoacre, roi des Hérules, se fait proclamer roi d'Italie.

L'empire d'Orient, troublé par les guerres étrangères, civiles et religieuses, dura néanmoins jusqu'en 1453, époque où Mahomet II s'empara de Constantinople.

(3) Et le dieu des chrétiens. — La société antique et sa religion disparaissent. La Gaule, préparée par les doctrines des druides qui croyaient à l'immortalité de l'âme, et excitée par la haine qu'elle portait aux Romains, reçut avidement le christianisme. On ne compta nulle part un plus grand nombre de martyrs.

(4) Le farouche druide. — Druide veut dire homme des chênes. Ils sacrifiaient des victimes humaines au plus épais des bois. Ils étaient les prêtres, les législateurs, les astronomes, les juges et les médecins des Gaulois. Leur principal collége était dans le territoire de Chartres. Le chêne qui portait le gui était sacré pour eux, car ils regardaient le gui comme un remède à tous les maux.

(5) Gaulois et francs. — Les Gaulois remontent à la plus haute antiquité. Ils étaient connus à l'époque de la fondation d'Athènes. (1580 ans avant J.-C.)

La Gaule ancienne se composait de la France actuelle, de la Belgique, de la Savoie et de presque toute la Suisse. Elle comptait un grand nombre de tribus indépendantes se rattachant à trois nations, les Belges au nord, les Celtes au centre, les Aquitains au midi.

Les Gaulois étaient entreprenants, opiniâtres dans leurs entreprises, guerriers et braves.

Ils ont colonisé la Grande-Bretagne, la Galice en Espagne, le nord de l'Italie appelé Gaule cisalpine où ils ont fondé Milan, et la rive droite du Danube. Ils parcoururent la Thrace, la Macédoine, la Grèce et fondèrent l'état de Galatie dans l'Asie-Mineure.

Les Phéniciens ont porté chez les Gaulois du midi les premiers germes de la civilisation. Après eux, une colonie de Phocée, ville maritime de l'Ionie, fonda Marseille. (600 avant J.-C.) Le nord de la Gaule resta barbare longtemps encore. La fondation de Marseille nous porte à Nabuchodonosor, dernier roi de Juda, à la destruction du premier temple de Jérusalem, aux lois de Solon à Athènes et à Tarquin l'Ancien qui fondait le Capitole.

(154 ans avant J.-C.) La ville de Marseille rivalisait avec les plus grandes cités de la Grèce. Ses écoles étaient dignes de Rhodes et d'Athènes. Elle avait établi plusieurs comptoirs dans la Méditerranée.

(390 ans avant J.-C.) — Brennus, à la tête d'une armée de Gaulois senonais, s'empara de Rome. C'en était fait de la puissance romaine à son commencement, s'il eût pu prendre le Capitole où la jeunesse romaine s'était renfermée.

Les Gaulois ont aidé Annibal à gagner plusieurs batailles contre les Romains. Ils luttèrent avec eux pendant 200 ans avec des succès différents; leur opiniâtreté ne s'est jamais démentie. Ils n'étaient pas même découragés par les mauvais succès.

Enfin la Gaule cisalpine fut soumise. Marius d'abord, ensuite César, parvinrent, en dix années, à conquérir la Gaule au delà des Alpes.

Les Gaulois restèrent cinq cents ans sous le joug des Romains qui leur donnèrent leur civilisation, leurs lois et leur langue, mais ne purent jamais leur imposer leur religion.

FRANCS. — Les Gaulois furent affranchis de la domination romaine par les Francs (hommes libres), qui formaient une confédération de peuples germains et habitaient les contrées situées entre le Weser et le Rhin, d'où ils faisaient souvent des incursions dans la Gaule. La plus importante et la plus heureuse est celle qu'ils firent sous Pharamond.

Tous les barbares, excepté les Francs et les Gaulois, étaient ariens, c'est-à-dire qu'ils niaient la divinité de Jésus-Christ. Les Francs, population mêlée d'Allemands sans parti pris, étaient prêts à toute idée, à toute religion. Ils avaient, au surplus, comme les Gaulois qui voulaient sortir d'esclavage, une propension à embrasser le christianisme, qui répondait à leur caractère et aux libertés dont ils jouissaient.

(6) *Pharamond* règne sous le pontificat de Boniface 1er, pendant le règne de Théodose, empereur d'Orient, et d'Honorius, empereur d'Occident.

Après plusieurs tentatives infructueuses sur la Gaule, il se rend maître de Trèves.

On le regarde comme l'auteur *de la loi salique*, qu'il institua pour régler la justice et les mœurs de ses sujets. La principale disposition de cette loi est l'exclusion des femmes de la succession aux terres de conquête et, conséquemment, du droit à la couronne regardée comme une conquête.

Sous Pharamond, les guerriers francs chantaient cet hymne des trouvères : « Pharamond, Pharamond, nos pères « sont morts dans les batailles. Tous les vautours en ont « gémi, car nos pères les rassasiaient de carnage. Choisis- « sons des épouses dont le lait soit du sang, et qui rem- « plissent de valeur le cœur de nos fils. Pharamond, les « heures de la vie s'écoulent ; nous sourirons quand il « faudra mourir...

En chantant, ils frappaient de leurs javelots leurs boucliers, en cadence, et leurs poitrines couvertes de fer.

On peut juger par ces sortes de chants quels flots de sang étaient versés dans les combats corps à corps des barbares.

(7) *Clodion*. Après plusieurs tentatives, il prend Cambrai,

Tournai et] tous les pays voisins jusqu'à la Somme, et il établit sa capitale à Amiens, malgré Aëtius, général des Romains.

Attila, roi des Huns (442), ravage la Thrace et l'Illyrie, et force Théodose le Jeune à lui payer un tribut.

(8) *Mérovée*. Il pénètre dans les Gaules et agrandit ses états. Mérovée, Aëtius et Théodose, roi des Visigoths, se réunissent pour combattre Attila, qui se faisait appeler le fléau de Dieu et était entré dans les Gaules avec une armée de cinq cent mille hommes. Ils le forcent à lever le siége d'Orléans et lui livrent, en Champagne, une des plus grandes batailles qui aient jamais eu lieu. Près de trois cent mille hommes y périrent. Théodoric y fut tué. Attila, en pleine retraite, traversa la Suisse et le nord de l'Italie pour se retirer en Hongrie, où il mourut deux ans après. Son passage en Italie effraya tellement les Vénètes de Padoue, qu'ils se jetèrent dans les lagunes de la mer Adriatique, où ils fondèrent Venise, devenue plus tard si florissante et si célèbre.

Des auteurs ont prétendu que la bataille avec Attila eut lieu près de Châlons-sur-Marne, d'autres ont dit près de Méry-sur-Seine. La tradition annonce qu'un ruisseau, qui descend dans la Seine de l'ouest à l'est, à une lieue de Méry, et qu'on appelle encore aujourd'hui *le Ruisseau du sang*, était le lieu où les masses des ennemis s'étaient heurtées. Ce qui le fait croire encore, c'est que l'on dit que saint Loup, évèque de Troyes, ville à quatre lieues du champ de bataille et sur la même ligne, vint avec son clergé à la rencontre d'Attila, et obtint de lui qu'il ne passerait pas dans la ville, et qu'il prendrait la route à gauche pour gagner la Suisse.

Les descendants de ces Huns ou Kalmouks, nous les avons vus, en 1814, et nous les avons battus, presque au même lieu, en forçant le pont de Méry-sur-Seine.

(9) *Clovis*. Il bat les Allemands à Tolbiac, près Cologne;

4

les Visigoths à Vouillé, près Poitiers ; tue Genséric, leur roi, et rend les Bourguignons tributaires.

Après la bataille de Tolbiac, il se fit baptiser, et trois mille de ses soldats l'imitèrent.

Saint Avitus, évêque de Vienne, sujet des Bourguignons, le félicita, en lui disant : *Quand tu combats, c'est à nous qu'est la victoire.*

En lui donnant le baptême, l'archevêque de Reims, saint Remy, lui dit : *Baisse la tête, fier Sicambre ;* adore ce que tu as brûlé et *brûle ce que tu as adoré.*

L'Église gauloise ainsi prenait possession de Clovis, et, réciproquement, il en recevait un appui d'une grande influence pour la civilisation des Barbares. Il reconnut dans l'Église un droit très-étendu d'asile et de protection, en faveur des vaincus, contre le principe barbare proclamé par Brennus, sur les ruines de Rome : *Malheur aux vaincus!* C'était une garantie, quand la loi ne les protégeait pas encore.

Clovis, qui commença par être le simple chef des Francs, quand il battit Siagrius, patrice romain, et prit Soissons, devint le roi le plus puissant de l'Occident ; et les Germains du midi et du nord, les Suèves, les Saxons et les Bavarois se fédérèrent avec les Francs, comme avec les plus braves et les plus heureux. Pour régner sur la Gaule et former l'unité de l'armée barbare, Clovis fit périr plusieurs chefs de tribus, ses parents et ses alliés. Ce sont là les crimes qui ternissent sa gloire.

(10) *Clotaire II.* Sous lui, après la victoire de la Neustrie sur l'Austrasie, et la mort de Brunehaut, coupable de tant de crimes, et surtout, coupable aux yeux des barbares, d'avoir cherché à rétablir la fiscalité, les formes juridiques et la prédominence de l'astuce romaine sur la force, à la façon des Goths, compatriotes de cette reine ; sous lui, dis-je, les prêtres siégeaient dans l'assemblée des Leudes ; *Francs* et *Gallo-Romains* demeuraient près du roi ou étaient envoyés *ducs* et *comtes* sur différents points du pays.

L'Église acquit d'abord une puissance qui fut utile aux

peuples. L'aristocratie religieuse et l'aristocratie laïque firent une constitution dont plusieurs articles sont très-libéraux. On y défend aux juges de condamner, sans l'entendre, un homme libre et même un esclave. L'élection des évêques est assurée aux peuples. L'abolition des tributs, depuis Childéric et ses frères, est proclamée. Les évêques deviennent ce qu'étaient, sous les Romains, les défenseurs de la cité.

En 640, Omar, gendre de Mahomet, fait brûler la grande bibliothèque d'Alexandrie.

(11) *Childéric II.* De 660 à 680, Ebroïn, maire du palais, avait cherché à fortifier la royauté affaiblie de toutes parts par la puissance des grands. Le roi, cédant à l'intrigue, le fait enfermer au monastère de Luxeuil. Mais bientôt, dans un accès de fureur et de regrets, il fait battre de verges Bodillon, un des grands seigneurs, lesquels s'en vengèrent en faisant assassiner le roi, sa femme enceinte et son fils encore enfant. Ebroïn, qui vengea ces crimes et retarda le plus qu'il put le triomphe des grands d'Austrasie, fut lui-même victime d'un assassinat.

De 672 à 673, les Sarrazins sont défaits au siége de Constantinople, et leur flotte est détruite par le *feu grégeois*, ayant la propriété de brûler dans l'eau, invention récente du mathématicien Gallinique.

*Thierry I*er. En 1679, sous Thierry Ier, le christianisme est annoncé par saint Wilfrid aux Frisons, habitants du pays appelé aujourd'hui la Hollande.

Sous le même roi, Pépin d'Héristal, choisi pour duc des Francs, exerce, comme maire, le pouvoir royal.

Sous Childebert II, il l'exerce encore. Il bat les Frisons, les Allemands et les Suèves qui avaient secoué le joug.

Maire du palais de Dagobert II, il gouverne en roi. C'était un vaillant guerrier, un grand homme d'État, ferme et prudent. Il mourut en 714.

En 712, les Maures pénètrent en Espagne et livrent à

Rodrigue, dernier roi des Goths, la bataille de Xérès, dans laquelle ce roi est tué.

Ils restent maîtres de l'Espagne pendant près de sept cents ans.

Clotaire IV. Charles Martel soutint la couronne placée par son père sur la tête de Clotaire, contre Chilpéric. Deux ans après la mort de Clotaire, il la rendit à Chilpéric.

Il gouverna aussi, sous Thierry II, comme duc des Francs, battit les Sarrasins à la fameuse bataille de Poitiers, où Abderame, leur général, fut tué. De là son surnom de Martel ou marteau *qui frappe fort*. Il battit les Saxons en 734; en 737, il dompta les Frisons, qui embrassèrent le christianisme, et réunit leur pays à la France.

Le plus difficile n'était pas de battre les Sarrasins au midi, mais les Allemands au nord, les Allemands toujours prêts à envahir la Gaule, à cause des richesses du sol et en haine des Francs. Il parvint à les refouler par une longue suite d'expéditions, et à les gagner par les dépouilles des évêques et des abbés de la Neustrie et de la Bourgogne. De plus, on les fit chrétiens pour rendre leur conquête plus facile. Par ce moyen, il se réconcilia avec la papauté, qui, par des missions en Germanie, créa une population amie des Francs. *Aide-moi et je t'aiderai* était, dès ce temps, le mot d'ordre des papes, des rois et des grands. Ce fut Boniface qui éleva les églises de Mayence, de Cologne et des Pays-Bas, et qui fut l'instrument de la révolution attachant au sol ces tribus nomades par l'influence d'une religion civilisatrice, et ouvrant ainsi la route aux armées de Charlemagne.

Ce duc des Francs, qui méritait d'être roi, fut un sage politique et un grand guerrier auquel on ne reproche aucun excès.

La France lui doit d'avoir échappé au joug des musulmans. Il mourut en 741, à Crécy-sur-Oise, et fut enterré à Saint-Denis.

Sous les rois de la première race, il y avait trois classes d'hommes :

1º Les hommes libres, maîtres absolus de ce qu'ils possédaient. et obligés seulement à des charges générales et au service militaire ;

2º Les lides ou affranchis, qui pouvaient faire valoir des terres, moyennant redevance à payer à ceux dont ils tenaient leur liberté. Ils étaient attachés à la glèbe et ne pouvaient jamais abandonner la portion de terrain qui leur était confiée, ni eux ni leurs descendants;

3º Les serfs ou esclaves, qui ne jouissaient d'aucune espèce de liberté et que l'on vendait au marché. Iis étaient esclaves de naissance ou par le sort de la guerre.

La punition des crimes était rachetée par de l'argent, donné en proportion de la nature de l'offense, du rang et de la condition de l'offensé. Le meurtre d'un Franc se payait 200 sols d'or, d'un Gaulois libre 100, d'un serf 45.

La justice était rendue dans les villages par des centeniers, dans les villes par des comtes, dans les métropoles par des ducs. Chacun était jugé par ses pairs. On ne pouvait appeler d'une sentence qu'au roi seul. Si le jugement était infirmé, les juges étaient passibles de dommages-intérêts.

Tous les ans, au champ de mars sous la première race, et au champ de mai sous la seconde, il y avait des assemblées dans lesquelles on décidait toutes les affaires d'un intérêt général. Le roi y assistait en longs cheveux, longue barbe et avec tous les autres signes de la royauté.

(12) *Pépin le Bref.* En réparant les spoliations faites à l'Eglise, il en était devenu le bien-aimé. Il était aussi le seul appui du pape contre les Lombards. Il fit deux campagnes contre le Lombard Astolphe, et exigea de lui qu'il rendît au pape Etienne III les villes de Ravenne, de l'Emilie, de la Pentapole et du duché de Rome.

(13) *Charlemagne,* 768. Il avait établi sa résidence à Aix-la-Chapelle, pour être plus à portée de s'opposer à l'invasion

des Allemands. Pour bien dire, dans son activité, il avait un œil toujours ouvert du côté du nord, et l'autre du côté du midi. Le pape Adrien appela Charles pour le protéger contre Didier, roi des Lombards, qui voulait s'emparer de l'Italie. Charles battit Didier et le fit prisonnier. En reconnaissance de ce service, le pape Léon III, comme aussi pour lui avoir rendu Rome d'où il avait été chassé, le couronna, à Rome, empereur d'Occident. On eut l'idée de le marier à la vieille Irène, qui régnait à Constantinople, pour réunir et relever toute la puissance de l'empire. Charlemagne se serait laissé faire volontiers ; mais Irène ne voulut pas sacrifier son fils ni se donner un maître.

Charlemagne fit de grands efforts pour organiser une administration régulière. Quatre fois par an, ses inspecteurs ou envoyés recueillaient les plaintes et l'informaient des abus. Ses capitulaires sont des lois administratives, des ordonnances civiles et ecclésiastiques. Il fit une guerre de trente-trois ans contre les Saxons. Enfin Witikind, leur chef, se soumit et embrassa le christianisme. Il se rendit maître de l'Espagne jusqu'à l'Èbre, mais il éprouva un échec à son retour, à Roncevaux, où il perdit Roland, son neveu, et plusieurs paladins de l'armée. Il subjugua une partie de l'Allemagne, réunit la Bavière à la France. Il vainquit les Esclavons en Poméranie, et repoussa les Huns qui habitaient la Bohême et l'Autriche.

Charlemagne aimait beaucoup à s'instruire et fonda des écoles. La gloire littéraire de son règne tient au Saxon Alcuin et à l'Ecossais Clément, qui fondèrent l'école palatine.

Sur la fin de sa vie, Charlemagne était tourmenté de l'idée que tout ce qu'il avait fait de bien disparaîtrait après lui, et il ne se trompait pas.

(14) *Charles le Chauve.* De son temps, Rurick le Normand fonde l'empire de Russie, en 871. Alfred le Grand monte sur le trône d'Angleterre.

Les ravages des Normands et les troubles continuels causés par l'ambition des seigneurs firent disparaître le goût de l'instruction et des lettres, déjà florissantes sous

Charlemagne. La plupart des seigneurs ne savaient ni lire
ni écrire, et ils s'en glorifiaient, *attendu leur qualité de gen-
tilshommes*. Le clergé seul cultivait les lettres et les sciences ;
les moines conservaient dans leurs monastères les chefs-
d'œuvre de l'antiquité, pour être les modèles de la littérature dans l'avenir.

656. *Clotaire III.* — 840. *Charles le Chauve.* — 870.
Louis III et Carloman. Sous ces rois la féodalité s'établit et
prend de l'accroissement.

La féodalité est fondée sur le partage des terres de la
conquête. Elle devait indigner les Gaulois, surtout quand
les Francs étaient unis à eux contre les barbares et les
Romains. En Gaule, les idées de liberté n'ont cessé d'exis-
ter et de remuer les esprits ; elles étaient, au surplus, inspi-
rées par le christianisme qui prêche la fraternité humaine.

Sous les rois indiqués, chacun fut roi de son fief. La hié-
rarchie partait du souverain et descendait de grade en
grade au plus petit seigneur ; on n'était vassal que de son
supérieur immédiat. Le roi n'avait d'autorité que sur les
grands feudataires ; on pouvait l'appeler le grand *fieffeux* de
France, de qui dépendaient cinquante grands fiefs ; les
principaux : ceux des duc de Gascogne, de Toulouse, de
Poitiers, d'Aquitaine, d'Auvergne, de Périgord, de la
Marche, de Champagne, de Valois, d'Anjou, d'Anjou-du-
Maine, de Bretagne, de Flandre et de Normandie, etc.

Quelques vassaux passant le roi en puissance, la royauté
qui sommeille se réveillera avec Louis le Gros. A la lutte
de la force succédera la lutte légale.

(15) TROISIÈME RACE DES ROIS. — *Hugues Capet*, fils de
Hugues le Grand et arrière petit-fils de Robert le Fort,
tous deux ducs de France, fut le premier roi de la troisième race, choisi par les grands à cause des services rendus par lui et sa famille contre les Normands. Son règne
finit avec le Xe siècle, nommé le siècle de fer, à cause des
guerres continuelles et nombreuses qui ravagèrent l'Europe, de l'ignorance et de la corruption.

L'avénement de la troisième race est, à proprement parler, la substitution d'une royauté nationale au gouvernement de la conquête. Dorénavant, l'histoire sera plus
simple. Ce sera toujours l'histoire du même peuple qu'on
suivra plus facilement et qu'on reconnaîtra toujours
malgré des changements dans les mœurs et dans la civilisation.

Dans le premier âge, le sol gaulois est fécondé par les
Celtes, par les Romains et par les hommes du Nord, Francs
et Germains.

Dans le second âge, la fusion des races commence et la
société fait des efforts pour s'asseoir.

Nous sommes au moyen âge, en l'an 1000. Il y eut plus
de pitié dans les cœurs, après de grands malheurs éprou-
vés, après une peste cruelle et une famine horrible qui
ravagèrent l'Europe. On comprit que les hommes ne de-
vaient pas à tout instant s'attaquer pour se détruire et se
venger. De là, cette suspension des hostilités entre ennemis, appelée *La trêve de Dieu*, qui durait du mercredi soir
au lundi matin et qui fut l'œuvre d'un concile. Gerbert, qui
fut archevêque et pape français, était, avant son avénement,
regardé comme un magicien ayant appris du diable les
chiffres arabes, l'algèbre et l'art de construire une hor-
loge. C'était le protégé des Capets, qui étaient à leur tour
protégés par lui.

1028. Gui, moine d'Arezzo, invente les six premières
notes de la musique.

1058. Robert Guiscard, Normand, commence à chasser
les Sarrasins de la Sicile qu'il donne à Roger, son frère.
C'est le commencement des royaumes de Naples et de Sicile.

(16) *Philippe Ier.* Guillaume le Conquérant, devenu va-
létudinaire, faisait diète à Rouen pour se débarrasser de
son embonpoint. Le roi, en raillant, lui fit demander
quand il releverait de ses couches. Le duc lui fit dire qu'à
ses relevailles, il irait le visiter avec dix mille lances au
lieu de chandelles. En effet, Guillaume tint parole, rava-

gea le Vexin français, assiégea et brûla la ville de
Mantes.

Louis VI, dit *le Gros*. Célèbre par l'affranchissement des
serfs et l'affaiblissement du pouvoir féodal, il autorisa les
villes à nommer leurs magistrats, et créa des justices royales
auxquelles on pouvait appeler des cours seigneuriales. Il
disait : « Dans le royaume des Francs, il ne peut y avoir que
des Francs. » Il établit les premières communes.

Dans la guerre contre Henri Ier, roi d'Angleterre, il
offrit un cartel à ce dernier, qui refusa. Au milieu de la
bataille, qui avait lieu dans la plaine de Brenéville, près
Noyon, un Anglais saisit la bride de son cheval, et dit : *Le
roi est pris !* Le roi le renversa mort, en disant : « Ne sais-tu
pas qu'on ne prend jamais le roi aux échecs. »

CROISADES DE 1085 A 1820. — Les Croisés débarrassèrent
la France d'une foule de brigands qui ravageaient le pays.
Les seigneurs vendirent leurs domaines et affranchirent
leurs serfs, pour avoir de l'argent et aller mourir en Palestine, ce qu'ils ne croyaient pas. L'autorité royale en devint
plus grande, et le goût des beaux-arts augmenta par la
communication avec l'Orient qui était fort éclairé. Ainsi les
croisades ont fait plus de bien que de mal.

(18) *Philippe le Bel*. Il eût de violents démêlés avec le
pape Boniface VIII, qui l'excommunia. Le roi le fit enlever
et enfermer dans une prison à Anagnie; il fit nommer
pape Clément V, qui abolit l'ordre des Templiers dont les
richesses et la puissance portaient ombrage au roi. Et
cinq autres papes, tous Français, s'établissent à Avignon.
Il avait conçu le projet d'établir l'uniformité des poids et
mesures, mais il en fut empêché par des difficultés et par
la mort.

(1) *Jean le Bon*. Il disait : « Que si la bonne foi et la
vérité étaient bannies de tout le reste du monde, elles
devraient se trouver dans la bouche des rois. »

(20) *Charles V.* Il était bon, affable, sévère pour les mœurs et la bienséance ; pieux, zélé pour la justice qu'il rendait lui-même : il disait « qu'il ne trouvait les rois heureux qu'en ce qu'ils avaient le pouvoir de faire le bien. » Il fonda, dans une tour du Louvre, une bibliothèque de neuf cents volumes, avant la découverte de l'imprimerie. Il se débarrassa des malandrins, soldats licenciés qui pillaient comme les paysans de la Jacquerie.

(21) *Charles VI, en démence.* Le duc d'Orléans, frère du roi, les ducs de Bourgogne et de Berri, ses oncles, sont divisés au sujet de la régence du roi. Elle appartenait au duc d'Orléans qui obtint ce pouvoir. Jean sans Peur, fils du duc de Bourgogne décédé, partagea l'autorité avec le duc d'Orléans ; mais, sur le soupçon que ce dernier aurait eu des relations coupables avec sa femme, il le fit assassiner. De là une haine irréconciliable entre les factions d'Armagnac ou d'Orléans et des Bourguignons, qui inondèrent de sang le royaume, et en particulier Paris, où le comte d'Armagnac, beau-frère du duc d'Orléans, fut tué. Sous prétexte de se réconcilier, le Dauphin proposa une conférence à Jean sans Peur. En arrivant au milieu du pont de Montereau, il fut assassiné par les seigneurs qui l'entouraient.

On voit à Paris, en ce moment, une belle statuette représentant Charles VI, en démence, appuyé sur le sein d'Odette de Champdivers, qu'on appela la petite reine, qui lui dit : « Le roi de France est-il bien ici ?—Oui, répond le pauvre roi d'un ton enfantin. — Eh bien, ajoute la reine, qu'il se repose tranquillement ; *j'empêcherai le chat noir d'entrer.* »

En 1422, le jeune Henri V, roi d'Angleterre, fut proclamé par la faction des Bourguignons, à Paris, roi de France et d'Angleterre.

(22) *Charles VII,* n'était appelé par les Anglais que le roi de Bourges. Lahire, venant le voir pour une affaire importante, Charles lui montra l'apprêt d'une fête et lui

demanda son avis . « Je pense, lui dit Lahire, qu'on ne peut perdre plus gaicment son royaume. »

En 1436, Charles VII rentre à Paris et fait cesser les *pilleries* des gens de guerre, en créant des *gendarmes* et établissant un impôt appelé *taille,* pour solder les troupes.

(23) *Louis XI.* Il n'eut d'autre but que de détruire la turbulente féodalité. Les grands, éloignés par lui des affaires, formèrent la ligue du *bien public,* sous le prétexte des intérêts du peuple. Ils n'agissaient que dans leurs intérêts propres. C'est, comme on appela une sainte alliance celle qui n'avait pour but que l'intérêt des rois contre les peuples. Il ne manque jamais de prétextes aux méchants pour tromper les hommes.

(24) *Louis XII.* Il ne vengea pas les injures du duc d'Orléans. Il s'occupa d'améliorer le sort du peuple, de réformer de grands abus, diminua d'un quart les contributions, empêcha les pillages des gens de guerre, régularisa la justice et plaça, dans les tribunaux et surtout dans le parlement de Paris, des juges instruits et intègres.

Il était brave dans les combats; ses courtisans, dans une bataille, lui conseillant de se ménager, il dit: « Que ceux qui ont peur se placent derrière moi. »

Napoléon Ier dit la même chose à peu près au général Sébastiani à Arcis, quand, à la tête d'une batterie, pour protéger le passage de son armée, il en dirigeait les feux depuis plusieurs heures. « Sire, vous êtes exposé ici, dit le général. — Si tu as peur, répondit l'Empereur, va-t-en, moi je reste. »

Dans sa droiture et sa probité qu'inculpe Machiavel, il se laissa tromper par les rois de son temps, surtout par Ferdinand, roi de Castille. Comme on disait à ce dernier que Louis XII se plaignait d'avoir été trompé trois fois par lui : « Il en a menti, dit Ferdinand, je l'ai trompé plus de dix fois. »

Sous son règne, les pièces des clercs de la Basoche n'étaient pas soumises à la censure. « Il faut, disait le roi, que les jeunes gens me fassent connaître les abus de la cour, puisque les confesseurs, qui font les sages, ne s'en occupent pas. » Quand Charles-Quint demanda à Louis XII de traverser librement la France pour aller réprimer les Gantois : « S'il y passe, dit Triboulet le fou du roi, il est plus fou que moi. —Mais, si je le laisse passer sans lui rien faire, — reprit le roi ? Eh bien ! dit Triboulet, j'effacerai son nom pour y mettre le votre. » Louis XII mourut aimé du peuple, mais peu regretté des grands.

Jamais roi n'aima tant son peuple et n'en fut tant aimé. Quand il fut obligé de créer des subsides, il avait les larmes aux yeux. Prévoyant la prodigalité de François Ier, quelque temps avant sa mort, il disait : « Ah ! nous travaillons en vain, ce gros garçon gâtera tout. »

Bayard, le chevalier sans peur et sans reproche, et Gaston de Foix, le foudre de l'Italie, illustrèrent ses armes.

(25) *François Ier*. Il a bâti Fontainebleau et Saint-Germain. Il a favorisé la littérature et les arts.

(26) *Catherine de Médicis*. Elle avait pour devise : diviser pour régner. C'était sa maxime favorite.

En 1563, *Pacification d'Amboise*. La fameuse conjuration d'Amboise, qui avait pour objet le massacre des Guises, ne réussit pas.

La paix fut faite à Saint Germain, et on accorda aux calvinistes le libre exercice de leur culte ; on leur accorda aussi des places de sûreté et des honneurs. On les trompait en leur donnant confiance. On préparait la Saint-Barthélemy.

Henri III. Il est assassiné à Saint-Cloud par un fanatique, Jacques-Clément.

(27) *Henri IV*, Par l'édit de Nantes, il accorde aux protestants le libre exercice de leur culte.

Secondé par Sully, ministre digne de lui, Henri IV corrige les abus, paye ses dettes, augmente les revenus de l'État, diminue les impôts et encourage l'agriculture et le commerce. Tout était prêt pour une expédition contre la maison d'Autriche, quand il fut assassiné par Ravaillac.

(28) *Louis XIII.* Mazarin succède à Richelieu dans le ministére. Il est haï du peuple, des parlements et de la noblesse ; il s'élève contre lui une ligue appelée la Fronde, dont Condé et Gaston, frère de Louis XIII, étaient les chefs, avec le cardinal de Retz, coadjuteur de l'archevêque de Paris.

(29) *Louis XIV.* En 1684, il révoque l'édit de Nantes par les conseils de le Tellier et de Louvois. Les dragonnades ont lieu : 200,000 protestants quittent la France, emportant leurs richesses ou leurs industries.

(30) *Louis XV.* Beaucoup de familles sont ruinées par la banque frauduleuse de Law, aventurier écossais.

1762. Le roi sacrifie ses colonies pour avoir la paix.

1764. Le duc de Choiseul fit abolir la société des jésuites qui s'était répandue partout.

1773. Clément XV les supprime ; Pie VII les rétablit en 1814.

15 août 1769. C'est le jour de la naissance de Napoléon Ier, un an après la cession de l'île de Corse, faite par Gênes à la France.

Louis XVI. Les Etats généraux s'assemblent le 5 mai 1789.

Le 14 juillet, même année, prise de la Bastille par le peuple.

1797. Traité de Campo-Formio, qui donne la Belgique à la France. En 1804, Napoléon Ier est empereur.

TABLE.

FIN.

IMPRIMERIE DE L. TOINON ET Cᵉ, A SAINT-GERMAIN.

IMPRIMERIE DE L. TOINON ET C⁰, A SAINT-GERMAIN.